聖誕節前一天，村子裡發生一件大事……

皮皮小隊長——
搶救聖誕禮物大冒險

阿鎧老師的專注力遊戲書

作者　張旭鎧
繪者　皮爺 Piett

作者｜張旭鎧。阿鎧老師 職能治療師／兒童發展專家

從事兒童職能治療臨床超過二十多年，服務超過萬位的孩子，足跡踏遍各大小城市、鄉鎮，包括離島、大陸、東南亞等華人地區。除了服務別人的孩子，本身也是位罕見疾病兒童的父親，因此對於家長們的困擾，更能感同身受，並且能設身處地的提供適當建議。這些年來不只親身服務，更將臨床經驗寫成十數本教養及專注力訓練書籍，這次，是首次以繪本方式規劃專注力遊戲書，期望家長能輕鬆陪伴著孩子，讓孩子在有趣的故事中學習與成長。

現任卓越百能諮詢中心執行長，並擔任各媒體節目專家，包括「媽媽好神」、「醫師好辣」、「愛家好醫生」等，以及「親子天下」、「媽咪拜」、「親子就醬玩」、「愛寶貝親子網」駐站作家。

FB 粉絲專頁：張旭鎧・阿鎧老師
Youtube：張旭鎧・阿鎧老師
Instagram：ask.akai
Podcast：阿鎧老師五分鐘玩出專注力

繪者｜皮爺 Piett

人生不設限的新秀插畫家。求學過程在美術學科表現優異，才華洋溢。樂於生活，觀察入微，筆下角色人物的表情，生動活潑逗趣。希望透過畫作，讓每個小孩都可以擁有快樂的童年。

皮皮小隊長搶救聖誕禮物大冒險：
阿鎧老師的專注力遊戲書

Happy
童樂繪
002

作者：張旭鎧／繪者：皮爺 Piett ／書籍企劃：黃文慧／責任編輯：劉佳玲／封面設計：Ayen(ayen0024@gmail.com)／內頁設計 & 繪圖協力：郭嘉敏／印務：黃禮賢 李孟儒／行銷企劃：林彥伶 朱妍靜

社長：郭重興／發行人兼出版總監：曾大福／總編輯：黃文慧／出版：快樂文化出版・遠足文化事業股份有限公司／地址：231 新北市新店區民權路 108-1 號 8 樓／網址：www.bookrep.com.tw／電話：(02) 2218-1417／傳真：(02) 2218-8057

發行：遠足文化事業股份有限公司／地址：231 新北市新店區民權路 108-2 號 9 樓／電話：(02) 2218-1417／傳真：(02) 2218-1142／電郵：service@bookrep.com.tw／郵撥帳號：19504465／客服電話：0800-221-029／網址：www.bookrep.com.tw／法律顧問：華洋法律事務所 蘇文生律師／印刷：凱林印刷／初版一刷：西元 2020 年 12 月／定價：360 元／ ISBN：978-986-99532-5-2

主要人物介紹

刺蝟先生

低調但熱心助人的遊戲關主，掌握每個遊戲的解答秘笈，解題都需要他的幫忙。

皮皮 小隊長

活潑好動，富冒險精神，喜歡探索新奇事物，想要當探險家。

兔妹

溫和細心，聰明伶俐，邏輯清晰，是勇敢獨立的女孩。

熊哥

人高馬大，力氣大，個性較害羞膽小，給人憨厚老實的感覺。

豬弟

平穩冷靜，愛讀書，喜歡分析事情，是老師眼中的好學生。

天氣晴朗，一大早雞村長廣播放送著……

大家注意！今年聖誕老公公不送禮物了！完畢！

正在公園遊樂場的小隊長皮皮與朋友們七嘴八舌地討論。

我的禮物～

天啊！

怎麼會這樣！

發生什麼事了呢？

我不做了，再見！

我猜是小矮人罷工了，禮物沒人包裝，所以沒有禮物可以送了！

我猜是馴鹿走丟了！雪橇車就跑不動了！

這是哪裏？我家呢？

那我們去找聖誕老公公問清楚吧！

怎麼去？

真的要去嗎？

當然是先去問土撥鼠偵探啊！

拜訪土撥鼠偵探

任務說明 土撥鼠偵探的辦公室位在如迷宮般的地底下，你能找到土撥鼠偵探的辦公室嗎？

·刺蝟先生提示·
要留意空間與上下行進方向！

我在打掃別進來！

有兩條路，該走哪一條呢？

來喝杯茶再走嘛！

下樓梯要小心。

小隊長你們很厲害！
竟然能找到我的辦公室！

土撥鼠偵探，請問你知道
聖誕老公公家在哪嗎？

當然知道，這沒有什麼難得倒我的！

哪裏才是聖誕
老公公的家呢？

找出聖誕老公公的家在哪裏？

· 刺蝟先生提示 ·

聖誕老公公的家在一個很冷很冷的地方唷。

小朋友沿著線畫出路線圖

哇！看起來好遠啊！

知道聖誕老公公家的地點了，我們趕緊出發吧！

但是大人們不准許小朋友離開村子耶！

怎麼辦？

我知道有一條可以走出村子前往森林的路！

森林

到處都有人。

看起來好遙遠。

大家走出村子在森林裡走著，心裡都有點害怕……

不要嚇我啦！

聽說森林裡有很多怪物……

熊哥突然聽到哭聲，嚇得躲在皮皮身旁。
大家都很緊張，循著聲音去找，發現一個小矮人
坐在一顆大石頭上哭泣。

哇！妖怪出現了？！

嗚
嗚
嗚

13

尋找魔法石

任務說明 小矮人的魔法石散落在森林裡的各個角落。仔細看看，然後找出它們分別在哪裡？

· 刺蝟先生提示 ·

☆ 魔法石都是同一種形狀

☆ 魔法石有 **7** 顆

☆ 魔法石每顆顏色都不一樣

那我們一起幫小矮人
找出所有的魔法石吧！

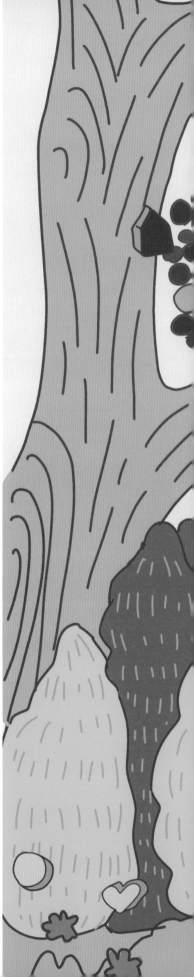

任務説明 「要過這條河，照著符號走」，你能帶著皮皮走到對岸嗎？

 穿越冰河

有點困難耶。

好冷！

· 刺蝟先生提示 ·

請從左下角的浮冰塊開始，
跟著箭頭符號的方向前進到
右上角的雪山。

穿越了樹枝間，出現一隻四隻腳的動物，小矮人定眼一看，原來是他的好朋友馴鹿先生。

小矮人，好久不見了。

馴鹿先生，原來是你呀。

昨天我跟其他同伴在練習飛行，卻被一陣怪風吹到這裡！

我的同伴們都不見了，今年聖誕節沒有辦法去幫聖誕老公公送禮物了。

我的天啊，那該怎麼辦？

幫馴鹿先生找到同伴們，大家都很開心。

謝謝你們幫我找到同伴。

為了表達謝意，馴鹿決定載大家一起飛上天空，前往聖誕老公公的家。

我們飛起來了，哈哈。

太棒了！不用走路了。

上來吧。我載你們一起去找聖誕老公公吧！

好高啊。

終於來到了聖誕老公公家的門口，皮皮敲了敲門，但沒有人應門。

聖誕老公公是不是去買禮物了？

才不會！禮物都是我們做的啦！

突然門內傳來低沉的聲音。

我不會開門的！你們快走～

我們要想辦法進去聖誕老公公的家，有一個方法，
利用門邊的魔法棒畫出符咒，門就會開了！

魔法符咒

任務
說明

符咒的畫法就在花圃裡。依照每個
花圃裡的花朵數量，從「1」開始
按順序把它們一個一個連起來，就
可以成功獲得魔法咒語了。

感覺好難呵。

好多花，好漂亮。

專心數啦！

來，看我的厲害。

25

皮皮施展了魔法符咒後，門終於開了。大家進到屋子裡卻看到一大堆東西散落滿地，大家都非常的驚訝。

天啊！這屋子也太亂了吧！

聖誕老公公在哪裡呢？

尋找魔法罐子

任務說明

請數數看，一共有幾個魔法罐子呢？

昨天突然吹來一陣怪風，把我的衣服全都吹不見了。

沒有衣服就不能去送禮物了！

原來是這樣啊！

天啊！我要禮物～

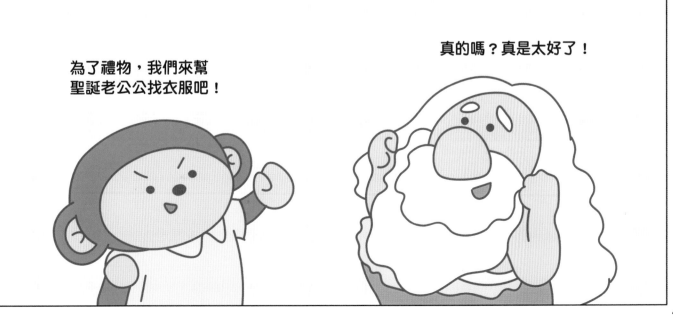

真的嗎？真是太好了！

為了禮物，我們來幫
聖誕老公公找衣服吧！

幫聖誕老公公找衣服

任務說明 根據圖片，把聖誕老公公的服裝與配件圈選出來。

我最會找東西了！

還好我有放大鏡。

· 刺蝟先生提示 ·
要仔細觀察顏色及形狀，
還有許多小細節。

聖誕老公公終於穿上了新衣服好開心。
但是，這時候小矮人突然緊張得大叫～

沒有時間做禮物了呀！

我眼睛又要花了。

任務說明 找出和成品區一樣花紋的禮物盒，並塗上正確的顏色。

放大鏡，又可以
派上用場了。

幫忙包裝禮物盒

成品區

· 刺蝟先生提示 ·
注意仔細觀察禮物盒花紋的顏色與形狀。

33

收到禮物時⋯⋯

孩子的專注力真的有問題嗎？

文／張旭鎧．阿鎧老師

當孩子上課發呆、媽媽呼喚沒有反應、做起事來拖拖拉拉，我們很容易把孩子貼上「不專心」的標籤，接著我們很容易把孩子做的每件事都跟專注力扯上關係，就連吃飯掉了飯粒、走路絆倒了一下，都會認為孩子是因為分心所導致，甚至開始懷疑孩子是不是「過動」！老實說，孩子的專注力其實很正常，只是沒有隨著環境而改變罷了！

環境不允許孩子太專心

社會的快速進步，讓我們身邊同時充滿著各種資訊，連以往簡單的事情都變得複雜了！就以過馬路來說吧！以往「紅燈停、綠燈走」的原則已經變得不適用，當綠燈亮起，我們已經無法單純的踏著斑馬線前進了！首先必須注意小綠人的讀秒，這樣才能適當調整我們的速度，除此之外，闖紅燈的車、轉彎的車，也是我們必須注意的，甚至還要辨別轉彎的是什麼車，得小心大型車內輪差的因素而導致危險！因此我們無法只專心踩著斑馬線直直走過去，或者說，我們要對周遭環境每一個訊息都要很「專心」。

學習還是需要專心的

雖然平時生活需要我們「眼觀四面，耳聽八方」，同時間注意各種訊息，但是孩子學習時還是必須只注意老師、注意課本，這樣才能夠有效率理解與記憶，才不會把老師講的話跟旁邊同學說的話理解成「新的知識」了！因此，我們現在認為的「不專心」，其實就是指學習專注力不足，也就是孩子在面對學習，或是需要持續觀察、聆聽、理解、思考的時候，常表現出無法持續或是顯得不耐煩，進而影響學習成績。

尤其現在生活中到處都是電視、電腦、手機、平板等高科技產品，這些產品提供色彩鮮豔、快速變換的視覺訊息，容易讓大腦習慣於這樣的刺激，因此在面對「靜態」的課本或黑板時，大腦覺得這些訊息太無聊、單調，也就無法集中專注力。要提升孩子的專注力，得先從視覺專注力著手，而要幫助孩子視覺專注力表現更佳，則必須從訓練視知覺能力著手。

視知覺能力影響學習力

　　所謂的視知覺能力，就是「看到」還要「知道」的能力，孩子不能只看到，還得知道看到的是什麼，以及各目標之間的關係等等，所以這跟學習有很強的連結關係，從幾個視知覺能力的細項來做舉例：

　　視覺記憶能力：孩子必須要能夠把看到的記憶起來，才能夠再度抽取出來運用，像是學習圖案、文字書寫時，就需要這樣能力。

　　視覺區辨能力：能夠比較兩個目標間的異同的能力，這影響到孩子的觀察力，在學習上，像是遇到改錯題時，就需要這項能力。

　　視覺恆常能力：對於目標的特徵能夠觀察與記憶，並且能在些微改變時，仍可辨認出該目標的能力。有些孩子看了課本中的楷書體文字後，看到了明體或是圓體字時，卻無法認得是同一個字，這就是視覺恆常能力需要特別加強了！

　　除了以上三項，視知覺還有其他更多細項能力，如果能妥善給予練習，對孩子的生活與學習都會有很大的幫助。

從繪本開始

　　想要提升孩子的專注力、視知覺，可以從繪本遊戲書作為第一步。利用繪本，給予孩子靜態的視覺訊息，但又不是純文字內容，因此可以有效引導孩子對於書本的接受度，並且引起閱讀興趣，加上遊戲內容，讓孩子邊閱讀邊玩，遊戲內容又能夠針對各項專注力及視知覺能力來做訓練，肯定對於孩子的學習表現能有事半功倍的效果。

遊戲解說

遊戲一

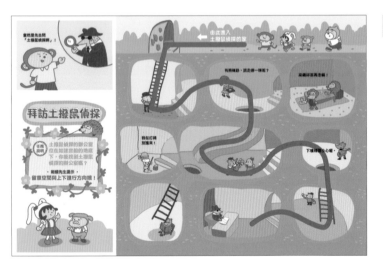

在地洞可不像在平地上可以一望無盡，被擋住的部分訓練了孩子對於環境的判斷能力，得考慮哪裡會通往哪裡！雖然以「迷宮」為遊戲方式，但是卻可以訓練孩子專心看、認真判斷的能力。別急著要孩子走到終點，中間的過程才是訓練！

遊戲二

虛線其實已經引導到聖誕老公公的家，但是對孩子來說，為什麼白色的地方代表的寒冷？其他的地方為什麼不是聖誕老公公的家？帶著孩子看看其他的地點，並且讓孩子練習說出理由，讓大腦可以練習專心思考、順利表達。

遊戲三

迷宮遊戲不見得只有一個「標準答案」！讓孩子尋找不同的路線，並比較各條路線的長短不同，最後想想，皮皮走哪條路最快？訓練孩子專心觀察的同時，也幫助孩子學習在多種選擇之中，能夠選出最合適、最有效率的答案。

遊戲四

許多的圖案容易讓人感到心煩意亂，因此無法集中注意力！先讓孩子想想，有什麼方法把這些石頭「分類」，然後再數數有幾種顏色，或者每種類型的石頭做上不同記號？在訓練視覺搜尋能力的同時，也讓孩子學習策略運用的技巧。

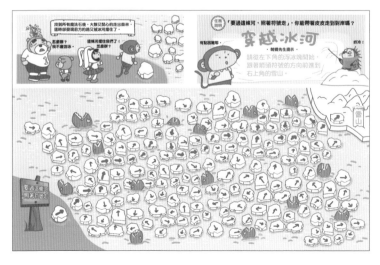

遊戲五

我們的大腦對於重複的圖案會感到疲乏，因此容易無法集中專注力。這個遊戲讓孩子在全是箭頭的圖案中，得一步一步地跟著方向走到終點，除了訓練大腦能夠持續處理重複資訊外，還培養孩子耐心，能夠持續專注到完成遊戲。

找出所有馴鹿的過程中，孩子得先觀察馴鹿角的特徵，這不僅需要觀察力，更需要視覺記憶，這樣才能快速辨別出答案，不需要重複比對！而視覺記憶能力對於學習更為重要，因為百分之八十以上的學習都是來自於視覺。

遊戲七

孩子數錯數量，除了專注力問題外，很多是因為「視覺記憶」出了狀況，無法記住哪些數過、哪些沒數過！這個遊戲就是幫助孩子點數能力的提升，除了從視覺記憶加強外，也讓孩子在重複點數中培養耐性與持續性專注力。

遊戲八

從眾多訊息中找到自己需要的目標，這項能力稱為「選擇性專注力」，這個遊戲要求孩子找出有星星形狀的罐子，就是在訓練選擇性專注力。擁有良好的選擇性專注力，孩子上課才會看著老師、才能在課本中看到重點。

遊戲九

擁有良好的觀察力,學習時才能注意細節、避免出錯!聖誕老公公衣服的袖口與手套之間、衣服與長褲之間、長褲與長靴之間的白邊,到底是歸在哪個部分?除了觀察,還要能夠根據邏輯來判斷,才能夠找到正確答案!

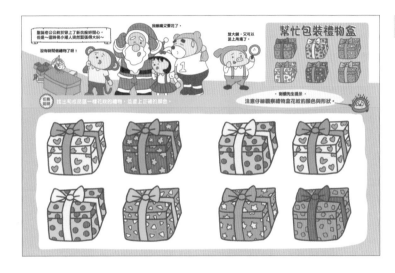

遊戲十

著色過程中訓練了孩子的「持續性專注力」以及手部小肌肉的力量,讓孩子有耐性完成任務。孩子是怎麼著色?是把同一種顏色都塗好才塗下一個顏色?還是把一個禮物盒塗好顏色再塗下一個?哪個比較有效率?跟孩子討論看看吧!

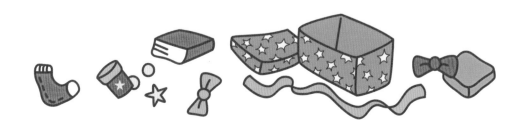

你希望收到的聖誕禮物是？